Murmures Écrits de Plume

Patricia Panneullier

Murmures Écrits de Plume

© 2023, Patricia Panneullier
ISBN : 978-2-3225-0328-5
Dépôt légal : octobre 2023

Édition : BoD - Books on Demand, info@bod.fr
Impression : BoD – Books on Demand, In de Tarpen 42, Norderstedt (Allemagne)
Impression à la demande

Merci Alexandra, Sébastien et Océanne, je vous aime.
Merci Albane Alard pour la couverture et les dessins
Merci à toutes les personnes qui, de près ou de loin,
sont présentes, m'inspirent, parfois, et
m'accompagnent sur ma route…

Après « Murmures et Chuchotements », dans ce recueil j'ai rassemblé tous mes poèmes non publiés, anciens ou très récents, tout y est, comme une urgence… pour passer à la suite…

En espérant que vous passiez un agréable moment

Patricia

INSTANTS DE VIE

Des personnes entrent dans votre vie
Amicalement, amoureusement, en simple sympathie,
Pour vous aider à franchir un cap, pour vous aider à vous découvrir sous un autre œil.
Puis, un jour, le destin fait que chacun reprend sa route
Sans adieu, comme ça tout simplement, parce qu'il est l'heure, que chacun doit voir d'autres horizons en laissant toujours un souvenir,
Il n'y a aucun doute !

CRI

Être là, mais ne pas « exister »
Vivre dans l'attente, dans l'espoir
Se permettre de rêver
Pour sortir de tout ce noir

Ne pas pouvoir, vouloir dire
Pour avoir la paix
Profiter de certains plaisirs
Mais pas assez

Juste envie de crier
De tout déglinguer
Dans ma prison dorée
Qui n'est pas dorée

Exister pour soi
Oui, peut-être…
Mais dans le froid
Et le semblant d'être…

Une vie d'écueils
Pour dire que l'on vit
Une fleur que l'on cueille
Pour un petit paradis

SPLEEN

Vivre pour soi
Comme un enfant roi
Ne penser qu'à soi
Se dire « barre-toi »

Trop de désillusions
Trop de faux semblants
Trop d'émotions
Pour obtenir le néant

Se retirer
Pour pouvoir respirer
Pour pouvoir évacuer
Pour pouvoir aller

Ne plus vouloir donner
Ne plus vouloir croire
Trop triste et fatiguée
Trop pleine de la lumière du soir

RESSENTIR

Le ressenti
Cette arme secrète
Que l'on suit ou fuit
Mais que rien n'arrête

Il peut donner des ailes
Comme briser des envies
Il est sans pareil
Et chacun le vit

Le croire, l'ignorer,
Se dire que ce n'est qu'une sensation
Y aura-t-il un après
Ou n'est-ce qu'une émotion ?

Certains ne peuvent le zapper
Ils en sont habités
Ils voient les choses déraper
Mais ne peuvent les faire éviter

Les voilà spectateurs
Ils ne peuvent que constater
Parfois avec douleur
Qu'ils ne s'étaient pas trompés…

S'AIMER

S'aimer
S'accepter
Se remercier
Se valoriser
Se pardonner
Se féliciter
Exister
Être soi, tout simplement, sans paillettes
Ne plus se mettre aux oubliettes…

ÉTOILES

La tête dans les étoiles
Le cœur en émoi
Il faut lever le voile
Être vraiment Toi

La tête dans les étoiles
L'envie d'avancer
Il faut tenir la voile
Se laisser guider

La tête dans les étoiles
Adieu le passé
Sortir de cette toile
Qui ne fait que freiner

La tête dans les étoiles
Bonjour la Vie
Croire en son Étoile
Ça y est, c'est permis

ENTRE-DEUX

Tu ne peux pas me quitter
Et vouloir quand même rester
Tout vouloir pour ton plaisir
C'est carrément du délire

Tu ne peux pas ne plus vouloir
Et attendre le moindre espoir
Il faut faire des choix
Même si tu dois en avoir froid

Tu ne peux pas toujours nier
Et penser que c'est la réalité
Te mettre des œillères
Pour ne pas voir la misère

Tu ne peux pas faire semblant
Et dire que la vie est un présent
Il faut un peu t'observer
Et voir au-delà des clichés

On peut vivre comme un enfant
Penser que tout est maintenant
Ne vivre que dans l'instant
Sans blesser ni se blesser pour autant

UN SOIR D'ÉTÉ

Merci Albane et Isabelle

Une soirée de douceur
Avec des conversations sans heurts
Partager ces humeurs
Sans filtre et sans peur

Un moment suspendu dans le temps
Accompagné de chansons de tout temps
À écouter inlassablement
Pour une soirée sans faux-semblant

Être là, dans l'écoute, tout simplement
Tout est fluide et sans jugement
Le genre de petit rassemblement
Qui ne peut être vécu qu'agréablement

La complicité et l'envie de partager
Est la base de cette soirée
Que rien ne pouvait entacher
Tant il y avait de sincérité

Un moment de douceur
Pour réchauffer des cœurs
Comprendre et faire valser des peurs
En étant dans son cœur

RAS LE BOL

Pourquoi devrais-je me taire
Et toujours rester dans l'ombre
Pour que tu puisses faire
Pendant que moi je sombre

Pour que les gens puissent être en Paix
Je dois garder mes secrets
Et surtout ne pas déranger
Dans ce chaos de basse qualité

Pendant ce temps je porte tout
Je me bats comme une boxeuse
Monter sur le ring, tenter le tout pour le tout
Pendant qu'on pense que je suis heureuse

Combien de nuits d'insomnie
De repas pris comme une souris
Parce mon cœur est trop meurtri
Et que malgré tout je ris

La vie ne me fait pas de cadeaux
Mais j'essaye de ne sortir que le beau
Pour la tranquillité et qu'un jour nouveau
Puisse émerger sans faire trop de bobos

Je ne peux plus faire semblant
Il est grand temps maintenant
Que demain soit un jour avec de l'allant
Et non un jour comme ceux d'avant

J'ai moi aussi le droit de partager
Et non d'attendre et de rester
Toujours présente et enjouée
Alors que ma seule envie est de hurler

Attendre quoi d'ailleurs
Que les jours soient meilleurs ?
C'est difficile quand on a la peur
Qui colle au corps et au cœur

PEURS

Partir, revenir,
Rester dans l'ombre
Parce que trop de sourires
Parce que trop peur de vivre des jours sombres

Aller, venir
Un sempiternel refrain
Qui use et ne fait que nourrir
La peur des lendemains

Matins chagrins
Avec quelqu'un sans rires
Le cœur n'est pas serein
Mais il vaut mieux tenir que courir

Mais courir quels risques
Celui d'être heureux ou malheureux
Celui qui peut être magique
Ou celui que n'anime aucun feu

Un jour il faut choisir
Tenter le tout pour le tout
Ou rester dans le semi-plaisir
Parce qu'on a peur de tout

TRISTESSE

Voir tes larmes couler sur tes joues
Entendre tes sanglots qui me déchirent le cœur par trop d'amour, c'est quand même aberrant !
Tu crains de blesser alors que tu n'es pas épargné !
Comment te dire que je comprends ce que tu vis. Je ne trouve pas les mots justes, sans te rappeler des souvenirs.
Comment rester insensible quand je me revois en toi ?
Difficile pour moi de supporter tout cela, mais j'essaye de sourire, de reprendre le contrôle et, surtout, de rester neutre.
On ne peut pas effacer le passé,
Il faut en tirer les leçons pour aujourd'hui et demain.
Il ne faut pas être égoïste, mais il faut penser à soi, ne pas s'oublier pour faire plaisir aux autres.
Il faut oser dire Non pour être en accord avec soi.
Personne n'a le droit de te blesser sciemment !
L'argent ne rachète rien quand le mal est fait…
Je sais que tu as tout compris et entendu
Maintenant il faut que cela fasse son chemin dans ta tête bien faite.
La solitude te pèse et te fait peur, mais ton « petit » monde est là, présent même loin…
On va y arriver et s'envoler vers notre havre de paix !

MAGIE

Tout à coup, tout devient magique
Comme si les soucis n'existaient plus
À coup de photos féériques
Pour mieux attirer et faire voler aux nues

Des jolies phrases qui sonnent vraies
Alors que tissées sur du mensonge
Tout est traité en instantané
Pour mieux envoyer au pays des songes

Des attentions virtuelles
Pour ne pas être oublié
Mais tout ça n'est pas réel
Tout est basé sur le « succès »

Toujours plus, toujours mieux
Toujours faire croire que tout est beau
Pour faire des envieux
Et oublier son fardeau

Feu de paille, illusions
Jeux de mots sans conviction
Du fait de n'avoir aucune motivation
Que celle d'être dans la séduction

Tuer sa solitude
Pour éviter de se retrouver
Se noyer dans la multitude
Pour avoir l'air d'exister

Tout n'est que tours de passe-passe
Pour ne pas ouvrir les yeux
Ne pas se regarder en face
Pour ne pas s'avouer qu'on joue un jeu.

POINT DE NON-RETOUR

Si je pouvais seulement dire ce que je ressens
Si je pouvais seulement laisser sortir tout ce qui est enfoui
Si je pouvais seulement cesser de faire semblant
Si je pouvais seulement mettre à jour tous les non-dits

J'en peux plus de me taire
J'en peux plus de sourire
J'en peux plus de laisser faire
J'en peux plus de laisser dire

Qui sait ce que je traverse
Qui sait quels tourments m'oppressent
Qui sait que j'ai la sensation d'être sous une herse
Qui sait que rien ne commence, mais tout cesse

Tu penses que je suis disponible et enjouée
Tu penses que je suis une fille au cœur léger
Tu penses que je suis une illuminée
Tu penses que je suis blasée

J'ai des rêves à ne savoir qu'en faire
J'ai des envies simples à assouvir
J'ai un cœur qui va déborder
J'ai des entraves pour le faire mourir

Juste envie d'être en paix
Juste envie d'avoir une vie tranquille
Juste envie de faire fi du passé
Juste envie que ce soit un peu facile

LA TERRE

Celle qui nous a vus dès le premier jour,
Avec tout son Amour
Sans goût amer
Dans une pureté élémentaire

Elle est là pour nous accueillir
Nous permettre de nous tenir debout
De nous alimenter, de la découvrir
Avec toutes ses beautés et ses atouts.

Celle que l'on a « ignorée » durant des années
Que l'on a déformé, malmenée
Sans aucun respect, juste par avidité
De toujours plus, plus vite, sans rien regarder

Celle qui pourtant n'a pas bronché
Espérant sûrement un sursaut de lucidité
Qui aujourd'hui se manifeste sans pitié
Pour nous faire sursauter, ouvrir nos yeux

Quoi de plus beau que de pouvoir profiter de sa beauté
De sa douceur, de ses odeurs, de ses merveilles
Pouvoir s'asseoir dans l'herbe et juste s'émerveiller
Du ciel, des fleurs, des arbres, des papillons, tout s'éveille

Savoir l'écouter avec tous ses messages
Qui nous invite à certains passages
Savoir garder son âme d'enfant en se promenant
Pour se retrouver pleinement, sincèrement

Aimons notre Terre
Préservons-la le mieux possible
Elle crie, tremble, désespère
Elle restera invincible

LUMIÈRE

Quand tout s'éclaire dans la nuit
Je suis qui je suis
Je dois oser me lancer des défis
Si cela ne plaît pas tant pis…

Je ne peux plus faire semblant
Il faut continuer d'aller de l'avant
Tout se joue maintenant
Même si cela doit causer quelques tourments

L'heure est à la sincérité absolue
Sans pour autant se mettre totalement à nu
Seulement adapter ma propre vue
Et cesser de me mettre des retenues

Je me dois d'écouter mon intuition
Qui sait me guider sans restriction
Car toujours, ou très souvent, en adéquation
Avec mes émotions, ma situation

Rien n'arrive par hasard
Si l'on se donne le droit de faire des écarts
De couper la routine, en prenant des égards
Pour partir avec un nouveau regard

L'écoute permet au moins de se poser
D'envisager les nouvelles priorités
De pouvoir saisir les opportunités
Qui étaient bien souvent cachées, car pas prête…

Naviguer vers d'autres sphères,
Vers de nouvelles odeurs
Peut-être même changer d'hémisphère
Si c'est pour aller vers mon bonheur

Voler, rouler, naviguer
Vers ce qui m'appelle pour le mieux,
Ne plus avoir peur, oser
Tant pis si cela fait des envieux

Seulement suivre les élans de mon cœur
Pour ne jamais être dans la rancœur…

LIBRE

Sortir de ce moule contrefait
Qui ne fait qu'oppresser et nuire
Pour laisser les élans de son cœur valser
Sur des airs harmonieux accompagnés de rires

S'évader pour être à l'unisson
Se sentir léger
Vivre des frissons
En toute impunité

Laisser vagabonder son cœur
Se sentir en harmonie
Sur des musiques, des couleurs
Pour vivre SA Vraie Vie

UN DE PLUS...

Ça y est j'ai 61 ans
Pourtant je ne suis qu'une enfant
Mon visage a quelques rides
Mon cœur, lui, n'est pas aride

Une enfant qui tous les jours apprend
Observe et prend le temps
De regarder la beauté qui l'entoure
Les sourires, les yeux rieurs et la Nature, toujours

Aujourd'hui, l'enfant que je laisse vivre
N'a qu'une envie... celle de rire
J'ai brisé les chaînes qui m'accrochaient au passé
Je peux enfin vivre dans la légèreté.

Cela ne veut pas dire être dans l'insouciance
Juste être en présence
Être celle que j'aurais dû être
L'accepter, car il n'est jamais trop tard pour (re)naître...

Merci la Vie, l'Univers, qui vous voulez
Ce en quoi vous croyez...
Merci l'Amour qui m'a toujours porté
Et à mon cœur immense qui ne fait que vibrer

PRINCESSE

Je suis une princesse
Sans château ni prince charmant
Une toute petite princesse
Qui assume tout pleinement

Je suis une princesse
Avec des tourments…
Souvent en détresse
En compagnie du vent

Je suis une princesse
Un peu pince sans rire
Pour cacher sa tristesse
Arrivant sans prévenir

Je suis une princesse
Sans paillettes ni rose
Qui n'aime pas la sagesse
Avec un cœur qui explose

Je suis la princesse
Celle de ma vie
Qui n'aura de cesse
De bannir les jours gris

Je suis la princesse
Qui aime et qui sourit
Qui a besoin de tendresse
De partages et d'envies...

ON SE BARRE

Viens, on se barre
Découvrir des lieux inconnus
Pas que l'on soit ignare
Il y a tellement de choses que nous n'avons vues

Viens, on se barre
Faire un tour, afin de changer d'air
Parce qu'il y en a un peu marre
De ronronner dans la même sphère

Viens, on se barre
Pour ouvrir notre horizon
Avant qu'il ne soit trop tard
Alors, vite, profitons !

Viens, on se barre
Pas pour la vie, mais quelques jours
Pour sortir de ce brouillard
Et savourer notre retour

Viens, on se barre…

ÉCRIRE

Des mots
Qui chantent nos défauts
Pour ne pas tomber dans l'ego
Dire que nous sommes égaux

Des phrases
Qui disent des vérités
Parfois avec emphase
Pour ne pas trop dévoiler

Des rimes
Pour mettre de la rondeur
Apporter du sublime
Mettre de la profondeur

Un poème
Pour libérer son cœur
Pour dire que l'on aime
Que l'on aime la douceur

Un écrit
Pour que tout cela reste
Pour cesser les non-dits
Mettre notre petit zeste

MUE

J'ai enlevé mon ancienne peau
Qui me couvrait depuis longtemps
Il n'était pas trop tôt
Que je vive comme le vent

Celui qui me porte
Qui m'emporte
Que j'ai trop souvent repoussé
Pour ne pas déranger

Cette impression que j'étais trop
Que j'arrivais trop tard, mais souvent trop tôt
Avec des idées nouvelles
Et des paroles pas toujours belles

Rien de tout cela n'était vrai
Je n'osais l'affirmer
Ce décalage était flagrant
Je ne l'acceptais pas pour autant

Aujourd'hui, je prends ma place
Je peux même dire, je m'enlace
Pour être dans ma vérité
Pour continuer d'aimer

Je vais être le Soleil,
Briller sans écraser
Être dans le plus simple appareil
Réchauffer et éclairer

OBSERVATION

Prendre du recul
Pour comprendre, observer
Pourquoi ça bascule
Pourquoi l'on peut rêver

Sonder ce qui est caché
Pour avoir des réponses
Comprendre ce qui est recherché
Plutôt que ce que l'on annonce

Aimer sa solitude
Pour tout ce qu'elle apporte
Sortir des servitudes
Pour aller vers ce qui nous porte

Être en introspection
Pour dénicher le petit couac
Qui nous met toujours en émotion
Ou qui peut faire que ça craque

Contempler l'horizon
Regarder toutes les beautés
Écouter tous les sons
À en être hébété

Se mettre à l'unisson
De ce cœur qui ronronne
Et nous chante une chanson
Tendrement douce qui résonne

JE SUIS

Je suis sur tous les fronts
Je passe du balai au chiffon
De l'écriture à la correction
Sans me poser de questions

Je fais des actualisations
Puis aussi des déclarations
Pas d'amour, restons sérieux !
Même si ce serait moins fastidieux…

Je mets aussi mon costume de vendeuse
Surtout pas menteuse
Pour quelques billets
Cela me fait manger

Je n'oublie pas les projets
Ils sont nombreux
Doucement y travailler
Pour les porter au mieux

Mon parcours est riche de tout
De rencontres, de doutes, de « on s'en fout »
Pour enfin pouvoir dire aujourd'hui
J'ai survécu et je suis

DIVAGATION

Laisser sa plume divaguer
Sur des sentiers illuminés
Mettre de la couleur dans ses mots
Laisser son esprit vagabonder, cadeau…

Se sentir libre et heureux
Ne plus voir les venimeux
Voir l'avenir simple et tranquille
Regarder droit devant, même le futile

Ne plus regarder ses soucis
D'un œil triste et meurtri
Se dire que tout est bonheur
Qu'il n'y a pas lieu d'avoir peur

Laisser bondir son cœur
Quitte à faire monter la rumeur
Les jaloux, les envieux, les vaniteux
N'ont qu'à essayer de faire mieux

Se regarder avec délice
Et une pointe de malice
Se moquer de soi-même
Après tout, l'on s'aime

LES HOMMES…

Les hommes de ma vie
Ne sont pas aussi nombreux que ça
Heureusement, je vous le dis
Avec beaucoup ce fut « houlala »
Entre ceux de la famille de naissance
Proche ou éloignée
Ceux côtoyés par méfiance
Ceux pour tenter de créer
Tout cela fut compliqué
Voire bien alambiqué
Il m'aura fallu de nombreuses années
Pour réussir à ce que je fasse la paix
Avec la gent masculine
Il m'aura fallu être maligne
Pour comprendre que tout se jouer
Dans la lignée, avec ceux que je ne connaissais
Aujourd'hui je suis libérée
De tous ses méfaits
Qui ont été subis et perpétués
L'homme, je peux enfin le regarder
Sans être dans la méfiance
Sans pour autant donner ma confiance
Au premier sourire qui passe
Aux premiers mots un peu gentils
Mais je peux accueillir les moments avec douceur
Profiter des petits bonheurs
Avec toujours un peu de retenue

Ne pas m'offrir au premier venu…
Me protéger
Me respecter
Me cajoler
Pour continuer à m'aimer
Reconnaître ma valeur
Rester dans mon cœur

Enfin…

JEU DE LA VIE

Tu as voulu jouer
Tu as cru gagner
Pour finir, tu as perdu
Bien plus que du superflu

À ne pas vouloir écouter
N'en faire qu'à sa tête
On finit par se brûler
C'est souvent ça quand on s'entête

Des jours meilleurs viendront
Je te les souhaite sincèrement
Il faudra sûrement te mettre au diapason
De ce que tu veux vraiment

On ne peut tout vouloir et attendre
Il faut y mettre de la volonté, de l'action
Rien ne tombe du ciel ni en cendres
Sans un minimum de conviction

La vie est ainsi faite
Il faut apprendre de ses défaites
Rien n'est jamais fini
Si l'on se dit « allez, youpi ! »

TOI, LE POÈTE

Avec Vladimir

J'ai lu tous tes poèmes
Je dois dire que je les aime
Tu passes de la tendresse
À la détresse
De l'amour
Qui ne dure pas toujours
À celui qui est en toi à vie
De la colère qui frémit
Aux moments où tu souris
Tu y poses tes peurs
Mais aussi plein de douceur
Seras-tu apaisé un jour ?
Déposeras-tu tout cela pour toujours ?
Toi le vagabond, le poète, le pirate
Cesse de vivre dans la hâte
De partir, bouger
Pour éviter d'être blessé
Pour éviter de t'accrocher
Accepte de t'aimer
De te laisser aimer
Tel que tu es…

L'AUTOMNE

La douceur d'un lever de soleil
Aux couleurs de l'automne
Couleurs sans pareil
Joli panorama pour l'Homme

La fragilité d'une fleur qui se réveille
En ouvrant sa corolle doucement
Pour nous offrir ses merveilles
Nous dire de prendre la vie lentement

Le bruissement d'ailes des oiseaux
Ils se préparent joyeusement
À leurs voyages tout là-haut
Avec leurs doux babillements

Les feuilles des arbres qui se balancent
Portées par la brise matinale
Qu'elle est jolie cette danse
Du monde animal et végétal

FLASH BACK

Tu sais Maman, tu ne me voulais pas
Je l'ai entendu maintes fois
J'étais déjà têtue, ne m'en veux pas
Je t'ai bien pardonné, moi !

Nous n'avons jamais su nous comprendre
Encore moins nous entendre
J'étais toujours la différente, l'imbécile
Et pourtant j'étais docile

J'ai toujours essayé d'être transparente
De répondre à tes attentes
Ce n'était jamais assez
Même si les années s'écoulaient

Tu ne m'as jamais épargnée
Quand tu as eu ton cancer
C'est moi qui l'ai su en premier
Pour devoir l'annoncer à mes pairs

Je t'ai accompagnée de loin, de près
Des kilomètres j'ai avalé
Avec mes enfants dans mes bagages
Heureusement ils étaient en bas âge

Nous nous sommes quittées
Sans un mot, tu m'as juste donné un courrier
Le jour de Noël, m'interdisant de revenir te voir.
Tu m'as laissé un trou noir

Je t'ai écrit, mais as-tu seulement lu
Le cri d'amour de mon cœur à nu ?
Je n'en suis pas certaine
Mon approche est restée vaine.

J'ai fait de mon mieux pour l'accepter
Puisque tel était ton souhait
J'ai laissé mes enfants aller te voir
Espérant peut-être un « au revoir »

Mais à eux, leur as-tu dit ?
Je ne sais pas comment cela c'est fini
C'était votre histoire de lien du sang
Ils ont grandi sans…

J'ai appris ton déménagement
La veille de ton enterrement
Le jour même où j'apprenais ton décès
Décidément, même là je ne devais pas y aller

Tes autres enfants t'ont accompagnée
Une fois encore j'étais rejetée
Sans argent j'étais
Des kilomètres nous séparaient

Tes biens ont été vendus
Sans que je m'y intéresse
À croire que je sentais ce que tu avais voulu
Qu'encore une fois, il fallait que tu me blesses

Si tu savais comme j'ai ri
Quand le notaire m'a appris
Qu'un testament avait été déposé
Pour me déshériter

Décidément, notre histoire ne manque pas de piment
Pourtant je suis toujours ton enfant
Dans mon cœur tu as toujours ta place
Même si tu n'es plus là…

La petite fille peut te dire « je t'aime Maman », la femme que je suis aujourd'hui, le pourrait aussi, une maman est unique, mais différemment…

UNE SEMAINE « RICHE »

Bienveillance
Arrogance
Remerciement
Dénigrement
Accusation
Affirmation
Encouragement
Glacement
Attention
Incompréhension
Douceur
Rancœur
Emotion
Dérision
C'est la vie, c'est ma vie
Ne pas être dans le déni
Affronter ses maux, ses peurs
Pour ne pas les transformer en douleur
Moment de pause
Moment d'osmose
Moment à soi
Moment pour soi

VERS DEMAIN

Prendre ce qui vient
Sans chercher de lendemain
Vivre pour aujourd'hui
Pendant que le soleil luit

Ne plus penser à hier
Juste faire une prière
Pour exaucer ses souhaits
Sans toutefois exiger

Croire que tout est encore possible
Dans ce tumulte, tout est même risible
Mais rien n'est impossible
Rien n'est invincible

Des voies s'ouvrent vers d'autres horizons
Oser les emprunter, même sans raison
Ne pas laisser s'échapper l'occasion
Sortir de cette illusion

Aujourd'hui, demain, plus tard
Tout est possible sans avoir le cafard
Changer, bouger, oser
Toujours continuer d'aimer, de rêver

UN ANGE SANS AILES

Il y a des jours où tu perds tes ailes
Où on te lâche la main
Tu te poses, tu respires et tu joues ta rebelle
En gardant le sourire, la foi vers un autre demain

Rien n'est grave, il suffit de s'adapter
De ne pas reculer
Pour aller vers tes rêves, tes souhaits
Dont personne ne peut te détourner

Surtout ne pas se surestimer
Sinon tu ne vis plus dans le vrai !
Écoute-toi et regarde toutes les beautés
Qui sont à tes pieds, prêtes à être savourées

Garde ton optimisme et ta gaieté
Relie-toi à ton cœur
Recentre-toi sur ta vie, tes priorités
N'aie surtout pas peur

Laisse tomber ta rancune
Apporte-toi de la douceur
Il y avait encore des lacunes
Ce n'était pas encore l'heure

Ne lâche rien, continue
Tu es sur le bon chemin
Regarde comme tes soucis diminuent
Tout cela n'est pas arrivé pour rien

Tes ailes réapparaîtront
Tu pourras à nouveau voler
Vers de nouveaux horizons,
À tire d'aile, tout échevelée

C'est ça être un ange
Tu peux avoir les ailes abîmées
Avoir les plumes qui te démangent
Même si tu ne fais qu'aimer

LA POÉSIE

La poésie
Est mon amie
Aussi ma thérapie

Elle me suit partout
C'est mon fourre-tout
J'y entasse tout

Que je sois dans mon lit
Si je conduis
Partout elle me poursuit

Elle raconte ma vie
Avec tous les non-dits
La tristesse y jaillit

Elle se veut vraie
Pas écrite à la craie
Plutôt avec du mortier

Souvent douce et légère
Franche et sincère
Sur des actes pas toujours clairs

La poésie
Toi, mon amie
Merci !

RÊVE OU RÉALITÉ...

Encore un dernier voyage
En faisant fi de l'âge
Pour aller au bout des rêves
Ne plus s'accorder de trêve

Encore une fois essayer
Peut-être pour exister
Ne pas se dire que c'est raté
Mais plutôt j'ai tout tenté

Encore se sentir aimé
Au plus profond de ses pensées
Avec son passé dans ses bagages
Ils ne seront plus une surcharge

Encore vouloir partager
Des instants en toute honnêteté
Enlever sa carapace, son armure
Pour savourer ce doux murmure

Chanter, danser
Comme si l'on savait
Même si les accords sont faux
Les moments seront beaux

MON PAYS

Dans mon pays
C'est l'utopie
Les grands comme les petits
Tout le monde rit

C'est un monde où l'on parle de tout
Rien n'est tabou
On peut y faire des remous
Et aussi des câlinous

On y vit joyeux
En se contentant de peu
Un rien fait briller les yeux
Ça pourrait faire des envieux

On peut y faire la course
Pour aller chercher l'eau à la source
Ce n'est pas le pays des Bisounours
On pourrait même y voir un ours…

Dans mon pays
On vit entre amis
Entre épris de la vie
Pour limiter les soucis

EGO

Ah cet ego qui titille en permanence !
Qui fait que l'on se prend pour qui l'on n'est pas
Qui aveugle dans une supériorité d'apparence
Qui étouffe pour ne pas se sentir vil et bas
Il est nécessaire à tous, mais pas à surestimer
Sinon on ne vit plus dans le vrai
On n'entend plus, ne voit plus toutes les beautés
Qui sont prêtes à être savourées.
Si au lieu d'être dans son ego
On se disait que l'on est tous égaux…
Nous avons tous nos forces et nos faiblesses
Nous sommes complémentaires si l'on n'y met pas de bassesses
Ouvrons nos esprits et nos cœurs
Pour pouvoir apporter de la douceur
Là où tout ne veut que nous faire peur
Reprenons notre juste valeur
Cessons d'être dans la possession,
La jalousie, l'envie, le toujours plus
Qui nous empêche de perdre la notion
De qui nous sommes sans superflu

ENCORE UN DÉPART

Le cœur à l'envers
Ou le cœur de travers
À vouloir tout ranger
Tout trier pour redémarrer

Dire au revoir au passé
Voir partir des meubles, des objets
Avec lesquels on a tant partagé
Parfois une vie entière qui disparaît

Rien n'était obligé,
C'est juste une volonté
De vouloir voyager léger
Sans le fardeau des années

Se débarrasser du superflu
Tout ce qui ne sert, plaît plus
Éclaircir sa maison
Pour se lancer vers l'horizon

Vers un nouvel univers encore une fois
Mais sans aucun enfant, cette fois
Avec un besoin de lumière, de clarté
Sans les fantômes du passé

Partir avec le cœur rempli de souvenirs
De l'amour qui a pu en jaillir
Avec le secret espoir d'aimer et d'être aimée
En ayant dit au revoir à toutes ces années

EN ROUTE…

Ravagé par le passé
Au milieu de tous ses secrets
Qui empêche d'avancer…
de pouvoir aimer

Ne pas savoir où aller
Se laisser emporter par des pensées
Qu'un coup de vent peut effacer
Pour voguer vers d'autres idées

Instable et précipité
Tout est urgence
Comme le monde où l'on est
Mais il faut savoir freiner

Arrêter de courir pour se poser
Définir ses véritables souhaits
Cesser de n'être qu'attiré
Pour se retrouver coincé

Arrêter de vouloir aider
Et savoir se contenter
Des bonheurs qui sont arrivés
Et qui peuvent encore durer

Juste une question de simplicité
Mais aussi de sincérité
On peut aussi se protéger
Au lieu d'être en permanence exposé

EMPORTE-MOI

Tourbillon de la vie qui emporte
Vers de nouveaux horizons ensoleillés
Avec confiance et sans escorte
Pour permettre de t'exprimer

Tourbillon de la vie qui emporte
Vers des profondeurs inexplorées
Avec douleur, mais qui exhorte
Pour pouvoir aller nettoyer

Tourbillon de la vie qui emporte
Vers de l'inconnu à explorer
Avec envie et réconforte
Pour oser être et briller

Tourbillon de la vie
Ne t'arrête jamais
Emporte-moi vers l'infini
Continue de virevolter

ÊTRE

Savoir qui l'on est
Connaître ses forces et faiblesses
Ses défauts et qualités
Sans crainte que l'on nous délaisse
S'apprivoiser soi-même
Pour pouvoir partager avec d'autres
Ce que l'on a, ce que l'on sème
Sans souci d'être un autre

S'accepter avec ses expériences
Ce sont elles qui servent de référence
À qui nous sommes aujourd'hui,
Qui ont aussi permis de se dire « oui »
D'agir
D'arrêter de fuir
D'ouvrir son cœur
Ne plus avoir peur...

MASQUES

Enlève ces masques déformants
Qui ne trompe personne, même pas toi...
Tu te laisses duper par ces faux-semblants
Peut-être pour être « reine » ou « roi »...

Sois simplement toi
Sois vrai, même si c'est la première fois.
Tu pourras subir du désarroi
Mais quel beau cadeau tu te seras fait, à TOI

Avec le temps, tout apparaît
L'âge peut-être, tes expériences sûrement,
Font qu'autour de toi, les gens voient l'apprêt
Qui sonne faux et plus rien n'est comme avant

L'honnêteté a un prix, parfois élevé,
Mais elle apporte tellement de tranquillité
Tu n'as rien à cacher, pas besoin de te justifier
Tout est limpidité, tout est vrai...

Adieu jalousie, colère, cupidité
Tout devient partage, simplicité
Des discussions sans ambiguïté
Tout est basé sur la Vérité

Si tu laisses parler tes émotions
Avec sincérité, sans compromission
Tu profites de tous les petits bonheurs
Que la vie sème au sein de ton cœur...

TROP PLEIN

Un cœur rempli d'amour pour soi et pour le partager
Des larmes dans les yeux d'un trop-plein d'émotions
Une respiration pas toujours fluide
Des pensées qui se bousculent dans tous les sens
Lâcher, tout lâcher
Revenir à soi et croire en demain
Sans se bercer d'illusions
Prendre chaque jour comme il vient
Accepter, pas tout et n'importe quoi,
Seulement ce qui fait du bien.
Inutile de se « torturer », la vie tente suffisamment de le faire,
Avec toujours quelque chose à comprendre….
Refuser les discussions sans fin qui n'aboutissent à rien
Refuser d'être maltraité par des mots, des actions, des comportements…
Refuser de dire oui quand on pense non
Refuser de ne pas être soi
Rester unique sans être dans l'ego
Aimer en toute liberté sans vouloir posséder, contrôler…
Faire confiance, ne pas vouloir enfermer
Laisser les ailes de tous se déployer pour voler
Sans jugement et sans attente…
Vivre dans le respect, la complicité, la joie en ouvrant son cœur…

DOUCE VIE

Profiter de chaque instant
Sans se poser de questions
Savourer chaque moment
En ressentant toutes les sensations

Aimer tranquillement sans peur
Se laisser porter par ce doux trémolo
Que l'on peut sentir, ressentir avec bonheur
Dans un regard, un geste, un mot

Vivre tout simplement
Avec beaucoup ou peu
Mais tant qu'il y a des sentiments
Tout cela importe peu

Marcher, rire, partager
Tout ce qui peut l'être
En toute simplicité
Juste en étant dans l'être

CHOIX

Quand la vie te met devant des choix
Que tu as déjà eu à faire plusieurs fois…
Remets-tu ce costume que tu portais plein d'espoir
Ou comprends-tu qu'il ne t'a apporté que du noir ?

Réfléchis, fais taire ce cœur plein d'émotions
Accepte de prendre la route sans déviation
Pas celle sur laquelle tu vas t'accommoder
Même sûrement t'oublier…

Dis « non » pendant qu'il est encore temps
Au moment où tu comprends
Que tout sera comme avant
Que ce n'est plus ce que tu veux, dorénavant

Choisis ta route pour ton bonheur
Sans oublier un instant que pour toi il est l'heure
De penser à toi, d'avoir ta place,
Tu te dois de te respecter même si c'est avec audace

Choix
Émoi
Confiance en Soi

ÉMOTIONS

La vie est une danse...
Écoute cette petite musique qui tourne autour de toi,
Suis son rythme, laisse-toi porter, ne force rien
Chaque jour est différent et apporte quelque chose.
Tu peux être sur un rythme gai et endiablé ou, au contraire, nostalgique,
C'est la vie, avec ses mouvements, ses vagues.
Il suffit d'écouter, de chanter, de danser
De se faire confiance et d'y mettre tout son cœur même si on le sent moins enjoué, on a le droit...
Toutes les émotions sont là, présentes, alors vis-les
Chut... Écoute....

VIVRE

Et si tu t'en fichais de ce que les gens pensent de toi...
Et si tu vivais comme tu as envie et non pas comme il « faut » que tu vives...
Et si tu arrêtais de te poser mille et une questions sur le pourquoi du comment...
Et si tu cessais de tout analyser, décortiquer sur ce que tu vis, ressens, vois au lieu de profiter...
Que cela changera-t-il dans ta vie ?
Tu serais sûrement plus heureux, car en accord avec toi-même,
En plus, cela ne changerait rien dans la vie des gens qui t'entourent, c'est une évidence...
Tu t'autoriserais à être vraiment la personne que tu es, sans masque, sans fioriture, juste TOI...
Bien sûr, beaucoup ne comprendront pas, te jugeront, mais tu sais quoi ?...
Cela leur appartient... on voit souvent la paille dans l'œil du voisin alors que l'on ne voit pas la poutre qui est dans le sien et l'envie provoque souvent des maux...
Alors oui, tout cela demande du changement, de l'audace, de l'innovation, voire du courage, mais le jeu n'en vaut-il pas la chandelle ?

À vous de juger ce qu'il vous convient, moi j'ai choisi et pour certains je suis bizarre, mais il y a longtemps que j'ai compris que ma petite personne ne pouvait pas changer le cours de la vie. Donc je me focalise sur mon petit monde, mes souhaits, mes rêves, ma vie et tout va bien !

IL Y A DES MATINS

Il y a des matins
Que tu sens chagrin
Où tout est « pourquoi… ?
Où s'imposent des choix

Il y a des matins
Avec de beaux lendemains
Où tout te sourit
Où tu es plein de vie

Il y a des matins
Que tu vois sans fin
Où tout est lourd
Où il faut trouver des pourtours

Il y a des matins
Que tu sens serein
Où tout est velours
Où tout est amour

Il y a des matins
Où tout un chacun
Doit se prendre en mains
Pour aller vers demain

DOUTES

On se pose des questions
On chasse les idées noires
On avance avec précaution
Sans pour autant avoir peur du noir

Avoir confiance en la Vie
Avoir confiance en Soi
Certains jours tout sourit
Et d'autres sont pleins de froid

Ne pas perdre son rêve
Son envie d'avancer
S'autoriser des trêves
Au moins dans les pensées

Et surtout arrêter de douter
Croire que tout nous est permis
Qu'il faut juste patienter
Pour que demain soit joli

CLÔTURE...

Ne plus supporter d'être dans la routine,
Ne plus rien trouver de motivant dans ce train-train ennuyant.
Envie de liberté de mouvements, de reprendre ce rythme naturel d'être poussée par les envies.
Écouter les élans de vie
Saisir les opportunités
Vivre avec moins, mais en accord avec qui je suis
J'ai assez donné !
Avoir le minimum vital, cela me suffit.
Le matériel ne m'intéresse pas. Il faut juste faire un changement de toit, de région aussi peut-être... mais un toit, si petit soit-il, pour pouvoir y faire mon nid...
La seule chose indispensable à mes yeux, pour m'y ressourcer, y être en sécurité...
Les élans de mon cœur sont les plus importants
Et là, je ne les écoute pas suffisamment
Toujours en train de compter
Pour tout, pour rien
Et moi dans tout ça ?
Elle est où ma vie ?
Treize ans de célibat, de galères, de combats, c'est assez long, je crois...

J'ai compris, nettoyé, accepté, aidé, accompagné...
Il est temps de la faire cette dernière danse...

Celle qui ne sera comme aucune autre, le temps est passé par là, mais qui viendra faire chanter et danser mon cœur
C'est la seule condition...

SURSAUT

Tu viens, on se casse
Loin de tout ce chaos
Y en a marre de ces gens à la ramasse
Qui ne flattent que leur ego
Qui seraient prêts à manger nos os
Pour sauver leur peau
Viens, on va s'aimer un peu
Beaucoup, à la folie
Avec ardeur et sensualité
Tendresse et jeux
Dans une belle complicité
En toute tranquillité
Tels deux animaux blessés
Qui se sont reconstruits
On saura se caresser
On ne veut que le bien d'autrui
On saura se protéger
En s'entrelaçant
Se chevauchant
S'entendre même dans le silence
Respirer sur à la même cadence…

Aimons-nous
Marchons main dans la main
Sur le sable, la route, la gadoue
Demain et après-demain

Je t'ai tant attendu
Que je n'aurais pas de retenue
Je veux profiter de tout le temps
Qui filera, clément, enveloppant
Je veux vivre maintenant
Une vie d'amour sans énervement
Laissons tout
Cassons-nous !

RENCONTRE

Une rencontre inattendue
Sur une banale action de la vie
Des échanges de messages sans superflu
Avec ce qui doit être dit

Des points communs pas ordinaires
Sur une façon de vivre assumée
Qui peut parfois sembler réactionnaire
Alors que tout n'est que liberté

Peut-être se rencontrer en vrai
Sans aucune ambiguïté
Les mots ont été posés
Juste le plaisir de partager

De concrétiser cette amitié qui naît
Sans pour cela s'attacher
Juste affirmer son identité
Surtout ne rien gâcher

Des échanges magiques
Qui permettent de s'envoler
Loin de tout ce tragique
Que les médias veulent imposer

Quand sincérité
Rime avec authenticité
On peut parler de tout
Cela fait un bien fou !

CACTUS ???

Un matin le cactus n'a plus eu peur
Il arrête de voir ses profondeurs
Il retire ses piquants
Qu'il mettait toujours en avant

Il ne vivait pas dans le désert ce gentil cactus
N'avait pas non plus de vilains rictus
On en avait tellement abusé
Qu'il en avait été épuisé
Alors pour être tranquille
Arrêter de se mettre en péril
Il avait décidé de piquer
Dès que l'on voulait le toucher

Il est allé puiser dans ses racines
S'est même mis en sourdine
Il ne voulait plus être approché
Alors autant rester caché
De longs mois, voire des années
Il a cherché ce qui en fait était inné
Alors il a fini par s'accepter
Faire cesser cette dualité

Il se sentait moins fatigué
Mais continuait à faire le guet
Rester sur sa défensive
Même s'il commençait à la trouver abusive
Ses épines sont tombées
Il en restait bouche bée.
Par un jour de douce chaleur
Il se transforma en fleur

Depuis, il s'épanouit
Il a réappris à dire oui
À se montrer sans pudeur
À qui lui apporte de la douceur

INSTANTS CHOISIS

De la douceur
Dans un monde dur
Peut laisser rêveur
Avec ce que l'on endure

De la tendresse
Qui émane naturellement
D'échanges ou de caresses
Même si ce n'est que rarement

De la complicité
Sur un mot, un regard
Qui peut même inciter
De courir à la gare

De l'attention
Portée naturellement
Sans cacher d'intention
Juste être dans le présent

Un petit brin de naïveté
Aux yeux de certains
Qui n'ont que de la cupidité
Et des désirs malsains

Des éclats de rire
Pour fendre la lourdeur
De certains souvenirs
Pour effacer la douleur

De l'amitié
À partager sans faille
Peut-être pour s'initier
À jouer dans la paille

Du partage
Sans frein ni convoitise
Pour se donner le courage
De prendre sa valise

Ainsi va la vie
De laquelle il faut chasser ses peurs
Avec des instants choisis
Qui font vibrer nos cœurs

PARTIR…

Saturation
Emotions
Incompréhension
Décisions

Qui sait de quoi sera fait demain
Il serait temps de tendre la main
De s'écouter, d'être en paix
Au lieu d'être prêt à s'étriper

Trouver son nid
Dans tout ce mépris
Cette bêtise inégalée
Qui peut tout ébranler

Vite se sauver
De ce chemin entravé
Qui fait tout pour faire tomber
À coups de bêtise exacerbée

Aller retrouver une prairie
Une forêt, un abri
Pour se sentir en paix
Et non plus happée…

Retrouver sa quiétude
Voire sa solitude
Si tel est le prix à payer
Pour ne plus être noyée

Trop de tout sans intérêt
Qui fait saturer…
Entretenir sa sérénité
Sans superflu ni avidité

PLAISIR D'ÉCRIRE

Écrire pour être avec soi
Vagabonder dans ses pensées
Parfois se sentir hors-la-loi
Par trop de vérités

Exprimer ce qui touche
Un moment capturé en flânant
Rien qui ne soit louche
Seulement profiter de l'instant

Souvenirs d'enfants qui jouent
De personnes d'un âge certain amoureux
De jeunes gens que leurs rires secouent
De cris à qui mieux mieux
D'un baiser volé
D'une attention douce et caressante
De disputes non voilées
D'odeurs alléchantes

Des saynètes de la vie courante
Auxquelles on ne prête pas toujours attention
Pris par une course constante
Avec un flot d'occupations

L'écriture permet de se souvenir
De ces petits moments précieux
Dont on ne peut que se ravir
Tellement c'est impérieux

L'imagination aimant le mystérieux
La plume peut s'exprimer
En faisant ce qu'elle fait de mieux
Laisser couler son encre bleue

MOI

Je ne suis que Moi
Pourtant c'est beaucoup
Dans ce monde fait de froid
Entre terreur, colère et coups

Ne pas faire semblant d'être
Avoir des paroles sincères
Sans calcul ni paraître
En étant ferme, mais pas autoritaire

Être dans une vraie simplicité
Prendre les instants comme ils viennent
Rester dans son authenticité
Jouer avec son côté magicienne…

Ne pas jouer à l'effarouchée
Rire à gorge déployée
Ne plus jamais rester cachée
Encore moins effrayée

Je suis qui je suis
Avec mon cœur, mes émotions
Aujourd'hui je me dis oui
Sans besoin de décoration

LA TENDRESSE

Un mot dit avec gentillesse
Pour faire fuir toute tristesse
Un échange de regards
Qui vaut tous les égards
Une main délicatement posée
Comme voulant tout effacer
Une attention pour le plaisir
Même si cela fait rougir
Une pensée sans ambiguïté
Un partage en toute sincérité
Répondre à une demande espérée
Quand l'occasion est présentée
Montrer que l'on est présent
Si le besoin se fait évident
La tendresse…
Réchauffe les cœurs
Même s'il y a des maladresses
Elles sont pleines de douceur…

REMERCIEMENTS

Je vous remercie du fond du cœur
D'avoir pris le temps de me lire
De vous être plongé en douceur,
J'espère, dans mes souvenirs…

De nombreux textes sont obsolètes
Ils font partie de mon passé
Ça n'a pas été tous les jours fête
Mais dès aujourd'hui, je vais danser !

Danser sur le fil restant de ma vie
Que les années à venir soient douces
Après toutes celles passées dans le déni
De moi-même, avant tout, sans que l'on pousse

Merci vraiment pour l'intérêt porté
À mes petites rimes de pacotilles
Qui m'ont permis de libérer
Des souvenirs de la petite et grande fille…

Merci
De tout mon cœur

TABLE DES MATIÈRES

INSTANTS DE VIE 9

CRI..10

SPLEEN 12

RESSENTIR 13

S'AIMER 14

ÉTOILES 15

ENTRE-DEUX...16

UN SOIR D'ÉTÉ..17

RAS LE BOL 18

PEURS 20

TRISTESSE..21

MAGIE 22

POINT DE NON-RETOUR 24

LA TERRE 26

LUMIÈRE 28

LIBRE 30

UN DE PLUS…..31

PRINCESSE 32

ON SE BARRE 34

ÉCRIRE 35

MUE 36

OBSERVATION..38

JE SUIS 40

DIVAGATION	41
LES HOMMES…	42
JEU DE LA VIE	44
TOI, LE POÈTE	45
L'AUTOMNE	46
FLASH BACK	47
UNE SEMAINE « RICHE »	50
VERS DEMAIN	51
UN ANGE SANS AILES	52
LA POÉSIE	54
RÊVE OU RÉALITÉ…	55
MON PAYS	56
EGO	57
ENCORE UN DÉPART	58
EN ROUTE…	60
EMPORTE-MOI	62
ÊTRE	63
MASQUES	64
TROP PLEIN	66
DOUCE VIE	67
CHOIX	68
ÉMOTIONS	69
VIVRE	70
IL Y A DES MATINS	72
DOUTES	73
CLÔTURE…	74
SURSAUT	76

RENCONTRE	78
CACTUS ???	80
INSTANTS CHOISIS	82
PARTIR…	84
PLAISIR D'ÉCRIRE	86
MOI	88
LA TENDRESSE	90
REMERCIEMENTS	91